essentials

Essentials liefern aktuelles Wissen in konzentrierter Form. Die Essenz dessen, worauf es als „State-of-the-Art" in der gegenwärtigen Fachdiskussion oder in der Praxis ankommt. essentials informieren schnell, unkompliziert und verständlich

- als Einführung in ein aktuelles Thema aus Ihrem Fachgebiet
- als Einstieg in ein für Sie noch unbekanntes Themenfeld
- als Einblick, um zum Thema mitreden zu können

Die Bücher in elektronischer und gedruckter Form bringen das Expertenwissen von Springer-Fachautoren kompakt zur Darstellung. Sie sind besonders für die Nutzung als eBook auf Tablet-PCs, eBook-Readern und Smartphones geeignet.

Essentials:Wissensbausteine aus den Wirtschafts, Sozial- und Geisteswissenschaften, aus Technik und Naturwissenschaften sowie aus Medizin, Psychologie und Gesundheitsberufen. Von renommierten Autoren aller Springer-Verlagsmarken.

Renate Heßler · Hatto Brenner

Potenziale der ukrainischen Wirtschaft

Für Unternehmer
und Wirtschaftsinteressierte

Renate Heßler
Fürth
Deutschland

Hatto Brenner
AWI International Business Services
Erlangen
Deutschland

ISSN 2197-6708   ISSN 2197-6716 (electronic)
essentials
ISBN 978-3-658-12176-1   978-3-658-12177-8 (eBook)
DOI 10.1007/978-3-658-12177-8

Die Deutsche Nationalbibliothek verzeichnet diese Publikation in der Deutschen Nationalbiblio-
grafie; detaillierte bibliografische Daten sind im Internet über http://dnb.d-nb.de abrufbar.

Springer Gabler

© Springer Fachmedien Wiesbaden 2016
Das Werk einschließlich aller seiner Teile ist urheberrechtlich geschützt. Jede Verwertung, die
nicht ausdrücklich vom Urheberrechtsgesetz zugelassen ist, bedarf der vorherigen Zustimmung
des Verlags. Das gilt insbesondere für Vervielfältigungen, Bearbeitungen, Übersetzungen, Mikro-
verfilmungen und die Einspeicherung und Verarbeitung in elektronischen Systemen.
Die Wiedergabe von Gebrauchsnamen, Handelsnamen, Warenbezeichnungen usw. in diesem
Werk berechtigt auch ohne besondere Kennzeichnung nicht zu der Annahme, dass solche Namen
im Sinne der Warenzeichen- und Markenschutz-Gesetzgebung als frei zu betrachten wären und
daher von jedermann benutzt werden dürften.
Der Verlag, die Autoren und die Herausgeber gehen davon aus, dass die Angaben und Informationen in diesem Werk zum Zeitpunkt der Veröffentlichung vollständig und korrekt sind. Weder der
Verlag noch die Autoren oder die Herausgeber übernehmen, ausdrücklich oder implizit, Gewähr
für den Inhalt des Werkes, etwaige Fehler oder Äußerungen.

Gedruckt auf säurefreiem und chlorfrei gebleichtem Papier

Springer Fachmedien Wiesbaden ist Teil der Fachverlagsgruppe Springer Science+Business Media
(www.springer.com)

Was Sie in diesem essential finden können:

- Einige Grunddaten der ukrainischen Wirtschaft
- Wichtige Hinweise, falls Sie eine Auslagerung in die Ukraine planen
- Grundlegende Informationen zum Investitionsschutz
- Anhaltspunkte zur Wahl der Rechtsform
- Einen Einblick in das ukrainische Bankensystem

Geleitwort

Lieber Leser, noch vor ein paar Jahren galt Osteuropa mit seinem hohen Wirtschaftswachstum und gewaltigen Investitionsbedarf nach dem Ende der Sowjetunion als vielversprechendes Investitionsziel. Durch die schlechten Erfahrungen mit Korruption, hohen bürokratischen Anforderungen und einer kurzfristiger denkenden Mentalität und insbesondere durch die Ukrainekrise der letzten ein bis zwei Jahre ist dieser Enthusiasmus jedoch verflogen. Mit diesem *essential* möchte ich in übersichtlicher Form zeigen, dass dennoch interessante Geschäftschancen bestehen, und Hilfestellung geben, wie sich einige Klippen umschiffen lassen. Ich wünsche viel Vergnügen beim Lesen und interessante Entdeckungen.

Renate Heßler

Vorwort

Vor ca. 25 Jahren hatte ich erstmals in der Ukraine zu tun, und zwar in Charkiw. Im Rahmen der städtepartnerschaftlichen Verbindungen zwischen Nürnberg und Charkiw versuchte ich deutsche Managementerfahrungen im Bereich Außenhandel zu vermitteln. Die Teilnehmer an diesen Veranstaltungen waren leitende Mitarbeiter unterschiedlicher Unternehmen aus der Region Charkiw.

Für mich war es eine völlig andere Welt, in der ich diese mehrwöchige Veranstaltung durchführte. Die Dolmetscher erschienen erfahren und kompetent, dennoch waren die Ebenen des Erklärens und des Verstehens vollkommen unterschiedlich. Eine gelebte marktwirtschaftliche Gedankenwelt stieß auf eine kommunistisch-sozialistische Ausbildung und Lebenserfahrung.

Was tun, um diese große Kluft der unterschiedlichen Ausbildung und der unterschiedlichen Erfahrungen zu überbrücken? Ich lud die Vertreter von 15 metallorientierten Firmen aus dem Großraum Charkiw zur Teilnahme an der Fachmesse „Fameta" in Nürnberg ein – einerseits um definierte Ausstellungsstücke zu präsentieren und andererseits um in Kontakten zu anderen Ausstellern, zu Gastgebern und zu Messeteilnehmern ein Gefühl für die „andere Realität" zu gewinnen.

Diese erste, ca. einwöchige Begegnung, die damit verbundenen intensiven menschlichen Kontakte, der Gedankenaustausch, der Einblick in die andere Lebensweise und Kultur waren sehr beeindruckend. „Lasst uns die begonnenen Verbindungen aufrechterhalten, vertiefen und ausweiten" – dieser Wunsch, der damals auf beiden Seiten geäußert wurde, soll auch heute noch einmal wiederholt und verstärkt werden.

Um die Basis für das gegenseitige Verstehen zu stärken, habe ich Renate Heßler gebeten, dieses essential zu verfassen. Frau Hessler, die gut drei Jahre in der Ukraine lebte, ist seit einigen Jahren als selbständige Unternehmerin in Deutschland tätig und versucht mit diesem essential, einen Einblick zu geben in die kulturellen und wirtschaftlichen Rahmenbedingungen dieses nach Russland größten Landes im Osten Europas.

Hatto Brenner

Inhaltsverzeichnis

Über die Autoren

Renate Heßler ist freiberufliche Übersetzerin für Englisch, Französisch, Russisch und Ukrainisch im Fachgebiet Wirtschaft/Finanzen/Verträge.

Sie ist staatlich geprüfte und vereidigte Übersetzerin für Englisch und Französisch und hat an einer Ausbildung zur Exportmanagerin an der Deutschen Akademie für Verwaltung und Wirtschaft teilgenommen, um ihre Kenntnisse in ihrem Fachgebiet zu vertiefen.

Den Fernlehrgang zur Übersetzerin an der Fernhochschule AKAD absolvierte sie während eines dreijährigen Auslandsaufenthalts in Lwiw, in der Westukraine, bei dem sie mit Klinikclowns, vegetarischen Kochkursen, Veranstaltungsmanagement u.v.m. in verschiedenste Bereich hineinschnupperte und die ukrainische Sprache und Kultur kennen und lieben lernte. Für Sprachen begeisterte sie sich schon von Kindesbeinen an, vielleicht ausgelöst durch den Besuch der ersten beiden Schuljahre in Frankreich.

Dipl.-Wirtsch.-Ing. Hatto Brenner verfügt über langjährige Erfahrungen in leitenden Positionen international tätiger Unternehmen.

Als selbstständiger Berater, Seminaranbieter und Buchautor hat er sich auf den Themenbereich „International Business Development" spezialisiert.

Mit seinem international verankerten Dienstleistungsangebot unterstützt er vorwiegend mittelständische Unternehmen beim Aufbau und bei der Abwicklung internationaler Geschäftsaktivitäten.

Als Präsidiumsmitglied international orientierter Unternehmerverbände fördert er grenzüberschreitende Geschäftsaktivitäten der Mitgliedsunternehmen.

Kontakt: awi@awi-germany.com.

Chancen für westliche Investoren 1

1.1 Gebildete Bevölkerung und niedrige Arbeitskosten

Mit einer Einwohnerzahl von 45,3 Mio. Einwohnern bietet die Ukraine auch trotz eines leichten Bevölkerungsrückgangs immer noch einen großen und attraktiven Binnenmarkt, der direkt an die EU anschließt und außerdem einen guten Ausgangspunkt für den Transit in andere GUS-Staaten bietet (s. Abb. 1.1). Allerdings liegt das Pro-Kopf-Einkommen mit 3930 USD im Jahre 2013 nur bei einem Zehntel des deutschen.

Das Bildungsniveau ist trotz einiger korruptionsbedingter Verfälschungen hoch. 2012 lag der zwischen 1 und 10 gemessene, von der Weltbank ermittelte Bildungsindex Knowledge Economy Index mit 8,26 leicht über dem deutschen von 8,20. (knoema5)

Die Alphabetenrate liegt bei 100 %, 2007 machten 100 % der entsprechenden Altersgruppe eine Grundschulausbildung, 94 % eine sekundäre und 76 % eine tertiäre. Die Anteile an der Erwerbsbevölkerung mit entsprechender Ausbildung betrugen für die sekundäre 43,1 % und für die tertiäre 45,2 %. (Weltbank 2009). Davon studierte 2000/2001 gut ein Viertel im Wirtschaftsbereich, eines gutes Fünftel Ingenieurwesen. (traveleast) Insofern dürfte es keine Schwierigkeiten dabei geben, qualifizierte Arbeitskräfte zu finden, zumal durchaus noch freie Kapazitäten vorhanden sind – zwischen 2007 und 2012 bewegte sich die Arbeitslosigkeit bei 8 % ±2 % (Stetsevych, GIZ).

Auch liegen die Löhne deutlich unter den deutschen (der Durchschnittslohn lag 2013 bei 3337 UAH/Monat, das waren zum damaligen Kurs etwa 300 EUR). (Mykhnenko 2015).

In bestimmten Bereichen kann sich die Fachkräftesuche jedoch schwieriger gestalten, s. Kap. 2.4 Fachkräftemangel.

© Springer Fachmedien Wiesbaden 2016
R. Heßler, H. Brenner, *Potenziale der ukrainischen Wirtschaft,* essentials,
DOI 10.1007/978-3-658-12177-8_1

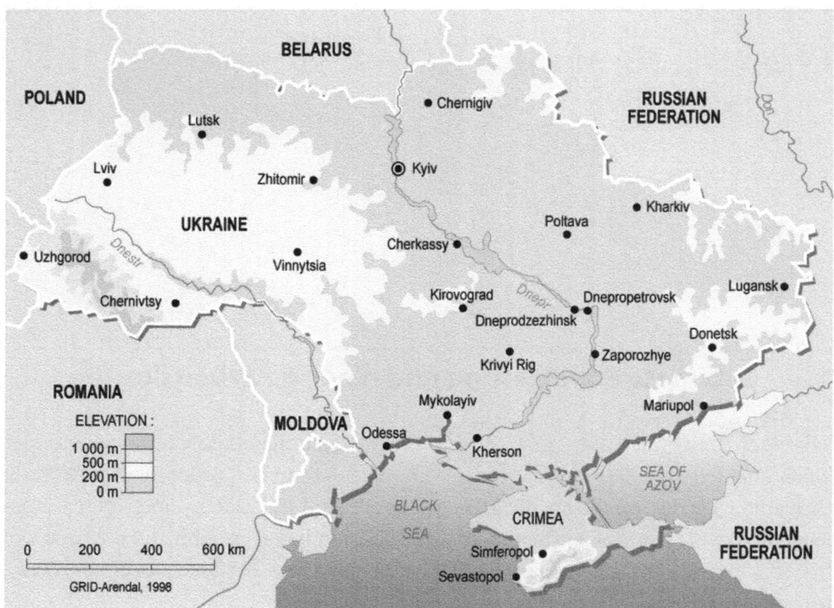

Abb. 1.1 Karte der Ukraine

Dennoch bietet sich aufgrund der vorstehenden Faktoren und angesichts der Aufhebung der Importzölle in die EU die Auslagerung von Produktionsstätten in die Ukraine an.

1.2 Streben nach Westen, Sprachkenntnisse

Es steht also eine qualifizierte, günstige und motivierte Erwerbsbevölkerung zur Verfügung, die offen für neue Chancen ist. Angesichts der schwierigen gesamtwirtschaftlichen Lage sehen viele Ukrainer diese Chancen im Westen – etwa 7 Mio. Ukrainer (also ca. 15 % der in der Ukraine verbliebenen Bevölkerung) leben und arbeiten trotz der hohen EU-Hürden im Ausland (Kateryna Stetsevych), vor allem in Italien, Polen und im Vereinigten Königreich, aber auch in Deutschland. Auch studierten 2012 etwa 9000 Ukrainer in Deutschland, das nach Russland und vor Polen, den USA und Frankreich das beliebteste Studienland war. (DAAD, bma_ukr)

Wer nicht im Ausland oder Sprachen studiert hat, spricht allerdings oft nur Ukrainisch oder/und Russisch, im Westen oft noch Polnisch. Die Englisch-, Deutsch- und Französischkenntnisse sind dagegen meist gering. Doch es besteht ein großer Wunsch, Englisch oder Deutsch zu lernen, an jeder Straßenecke sieht man entweder Werbung für Sprachkurse oder auch Privatanzeigen, bei denen ein Muttersprachler zum Lernen gesucht wird.

1.3   Löhne und Geschäftstüchtigkeit

Chancen werden auch gerne darin genutzt, sich selbständig zu machen. Da die meisten angestellten Tätigkeiten, auch mit hoher theorielastiger Qualifikation und insbesondere im Staatsdienst, wie Lehrer, schlecht bezahlt sind, und häufiger einmal Gehälter über mehrere Monate hinweg nicht ausgezahlt werden (von Januar bis September 2015 lag die Summe der überfälligen Gehaltszahlungen jeweils zum ersten des Monats zwischen 1,3 und 2 Mrd. UAH, also zwischen 50 und 80 Mio. €, wobei man natürlich berücksichtigen muss, dass es sich um eine Krisenzeit handelt) (ukrstat 2015), ist die Hürde, diese Sicherheit aufzugeben, nicht so hoch wie in Deutschland. Und eine Tätigkeit, die nicht der eigenen Ausbildung entspricht, gerade im Vertrieb, ist oft deutlich besser bezahlt. Außerdem sind die Leute spontaner und denken kurzfristiger, daher ist aufgrund einer Idee und von Kontakten schnell etwas aufgebaut – wobei man nach einem Jahr aber möglicherweise auch schon wieder etwas anderes macht.

1.4   Günstige Fortbewegung

Fortbewegung ist in der Ukraine verhältnismäßig günstig – nicht nur absolut gesehen, sondern auch im Verhältnis zu Lebensmittelpreisen und Gehältern. So kostete zum Beispiel im Dezember 2014 eine Zugfahrt im Passagierwagen von Lviv nach Kiev 86 UAH, von Lviv nach Simferopol (Krim) 129 UAH (aktuell sind das umgerechnet etwa 4 bzw. 6 €). Die Züge fahren zwar recht langsam (die Fahrt von Lviv nach Simferopol dauert im „Schnellzug" zum Beispiel etwa 24 h für die 920 km), sind dafür aber für alle erschwinglich und es handelt sich meist um Schlafwagen, ohne Aufpreis (außer für Bettwäsche). Die zahlreichen Haltestellen werden meist nicht angesagt, auf die Ankunftszeiten kann man sich auch nicht genau verlassen – +/−30 min Abweichung sind die Regel. Daher sollte man ausreichende Puffer einplanen. Fahrkarten sind ab einem Monat im Voraus an den Bahnhofschaltern erhältlich, ein ausgeklügeltes Rabattsystem wie bei der Deutschen Bahn gibt es nicht. Die Bahn ist ein Staatsunternehmen und die Mitarbeiter verdienen trotz der günstigen Preise verhältnismäßig gut. Bei Fernzügen verfügt jeder Wagen über eigenes Zugpersonal und die Fahrkarten werden beim Einsteigen kontrolliert.

Im Gegensatz zu Deutschland sind in der Ukraine Busse („Marschrutkas") das schnellere und teurere Verkehrsmittel. Innerhalb des Stadtgebiets kostet jede Strecke gleich viel – seien es 2 Haltestellen oder eine knapp einstündige Fahrt. Bezahlt wird direkt beim Fahrer. Fahrpläne gibt es meist nicht, man stellt sich einfach an die Bushaltestelle und wartet auf den nächsten Bus. Die Nummer der Buslinie für seinen Zielort kann man meist bei Passanten oder notfalls beim Busfahrer erfragen, davon ist allerdings ohne ausreichende Ukrainischkenntnisse abzuraten.

Neben den „Marschrutkas" gibt es im Stadtverkehr noch die staatlichen Stadtbahnen („Tramwaj") und die Trolleybusse. Beide kosten nur etwa halb so viel wie die Busse, fahren aber auch deutlich langsamer und etwas seltener. Sie fahren nur bestimmte Linien zum Bahnhof oder Busbahnhof ab und Invaliden können kostenlos mitfahren.

Taxis können nahezu überall angehalten werden und sind im Vergleich zu Deutschland recht günstig. Der Preis wird meist bei Fahrantritt bei Angabe des Fahrtziels festgelegt. Hierbei sollte berücksichtigt werden, dass er je nach Einschätzung des Fahrers stark schwanken kann, daher lohnt sich gerade an (Bus-) Bahnhöfen oft der Vergleich mehrerer Angebote und das Aushandeln durch einen ukrainischsprachigen Bekannten, da der „Ausländerpreis" ein Vielfaches betragen kann. Besonders günstig sind telefonisch bestellte Taxis, wozu in der Regel allerdings ebenfalls Ukrainischkenntnisse erforderlich sind. Gepäck sollte gleich beim Bestellen angegeben werden.

Für den Warentransport ist der Versand per Post wegen der Diebstahlgefahr eher unüblich, häufig werden kleinere Gegenstände gegen Bezahlung des Zugbegleiters per Zug (oder manchmal auch Bus) übergeben und dem Empfänger Wagennummer, Name des Zugbegleiters und ungefähre Ankunftszeit (s. o.) telefonisch mitgeteilt. Für den Versand großer Waren gibt es aber auch zahlreiche Speditionen.

1.5 Mobile Vernetzung

Wie das Verkehrs- ist auch das Telekommunikationswesen anders gestaltet als in Deutschland. Ein Handy hat praktisch jeder, auch Kinder (und zwar schon länger als dies in Deutschland der Fall ist), während Festnetzanschlüsse zwar verbreitet, aber nicht selbstverständlich sind. Eine SIM-Karte kann einfach im Geschäft erworben werden, eine Registrierung mit Ausweis wie in Deutschland ist nicht erforderlich. Viele Anbieter bieten eine beliebige Anzahl kostenloser Telefonate im selben Netz, weshalb viele über mehrere SIM-Karten oder sogar eine von jedem größeren Anbieter verfügen, um mit Freunden, die bei verschiedenen Anbietern sind, kostenlos telefonieren zu können. Die wichtigsten Anbieter sind: Kyivstar, mit einem großen Spektrum von Tarifen, einschließlich schnellem mobilem Internet mit Monatsabonnement (das jedoch vom Prepaidguthaben bezahlt wird, da Abbuchung vom Bankkonto unüblich ist), der aber mit dem Grundtarif wahrscheinlich einen guten Einstieg bietet, Life (bekannt für das kostenfreie Telefonieren innerhalb des Netzes des Anbieters) und MTS.

Das Festnetz wird hauptsächlich auf dem Land, am Wochenende, wenn alle eher zu Hause sind, oder in der Kommunikation mit Behörden benutzt. Es gilt nicht als verwerflich, als Kontakt nur eine Handynummer anzugeben.

1.6 Kornkammer des Ostens

Die traditionelle Bezeichnung der Ukraine als „Kornkammer des Ostens" ist berechtigt, denn 60 % des Ackerlandes bestehen aus humusreicher Schwarzerde und das Land gehört tatsächlich zu den 6 größten Weizenexporteuren der Welt. Doch mit einer modernen Landwirtschaft wären dreimal so hohe Erträge möglich. (Sauer 2010)

Daher sind Investitionen in die ukrainische Landwirtschaft interessant, denn die Pachtpreise liegen um das 3- bis 10-Fache niedriger als in Mecklenburg und auch die Lohnkosten sind geringer. (Aussagen von Walther, dlg, 2011)

Auch deutsche Trend-Produkte wie die antioxidantienreichen Aroniabeeren wachsen z. B. in den Karpaten in Hülle und Fülle und werden bisher kaum gepflückt. Und Walnüsse, die bei uns oft aus Kalifornien stammen, wären dort deutlich günstiger erhältlich.

Seit 2006 besteht ein Deutsch-Ukrainischer Agrarausschuss und Deutschland ist inzwischen der wichtigste westeuropäische Lieferant von Landtechnik, Saatgut und Pflanzenschutz. (Sauer 2010)

Es sind dabei jedoch auch eigentumstechnische Schwierigkeiten zu umschiffen. s. Kap.2.3 Kleinstbetriebe in der Landwirtschaft und Landmoratorium.

1.7 Investitionsschutz

Zur Sicherung der Investitionen in der Ukraine gibt es verschiedene Möglichkeiten.

Die Bundesrepublik Deutschland gewährt für förderungswürdige Vorhaben eine Investitionsgarantie, die einen Schutz gegen politische Risiken gewährt. Dafür muss ein jährliches Entgelt von 0,5 % des garantierten Betrags entrichtet werden und der Selbstbehalt beträgt 5 %. Die Laufzeit liegt in der Regel bei 15 Jahren. (Steffens 2012)

Außerdem besteht mit der Ukraine ein Investitionsförderungs- und -schutzvertrag, der am 29.6.96 in Kraft getreten ist und Schutz vor erheblich schädlicher staatlicher Willkür, Diskriminierung und Benachteiligung gegenüber einheimischen Unternehmen garantiert. Einklagen lässt sich dieser bei internationalen Schiedsgerichten außerhalb der Ukraine und insbesondere beim Internationalen Zentrum zur Beilegung von Investitionsstreitigkeiten (ISCID), das unabhängig von nationalen Gerichten ist und dessen Schiedssprüche in jedem Vertragsstaat (die Ukraine ist der ICSID-Konvention zur Beilegung von Investitionsstreitigkeiten zwischen Staaten und Angehörigen anderer Staaten 2000 beigetreten) unmittelbar vollstreckbar sind. (Barrier und Rafsendjani 2012)

Daneben gibt es in der Ukraine ein Auslandsinvestitionsgesetz, für dessen Anwendung man sich bei der Staatsverwaltung anmelden muss. Dies ermöglicht es ausländischen Investoren unter anderem, angesichts der häufigen Gesetzesänderungen, die zum Teil mehrmals jährlich vorkommen, für 10 Jahre eine Behandlung nach den alten Gesetzen zu verlangen. Ausnahmen sind Gesetze in den Bereichen Verteidigung, Nationale Sicherheit, Umwelt und Fragen der öffentlichen Ordnung. Außerdem erhalten ausländische Unternehmen nach diesem Gesetz bei Enteignungen, die nur in Ausnahmefällen zulässig sind, eine dem aktuellen Marktwert entsprechende Entschädigung, die von einem Wirtschaftsprüfer ermittelt wird, gleiches gilt bei durch staatliche Tätigkeit eingetretenen Verlusten oder entgangenen Gewinnen. Daneben wird die Repatriierung von Gewinnen, Erträgen und anderen Finanzmitteln der ausländischen Muttergesellschaft garantiert. (Kessler 2012)

Hinsichtlich des gerichtlichen Investitionsschutzes ist zu berücksichtigen, dass Urteile deutscher Gerichte in der Ukraine nur über Gegenseitigkeit und somit meist schwierig zu vollstrecken sind. Daher ist der Gerichtsstand Deutschland in der Regel nicht zu empfehlen. Bei den ukrainischen Gerichten ist hingegeben deren Unabhängigkeit und die Rechtsstaatlichkeit des Verfahrens nicht immer gewährleistet. Daher ist ein Gerichtsstand in einem Drittland sinnvoll, das über ein Anerkennungs- und Vollstreckungsabkommen mit der Ukraine verfügt. Vorläufiger Rechtsschutz (einstweilige Verfügungen etc.) wird in der Ukraine selten gewährt. Eine Möglichkeit ist auch der Gerichtsstand beim Internationalen Handelsschiedsgerichtshof bei der IHK Kiew, der nach internationalen Schiedsnormen entscheidet und im Vergleich zu europäischen Schiedsgerichten recht günstig ist. (Hagemann 2012)

Für den vertraglichen Investitionsschutz ist es wichtig, einen vollständigen Vertrag nach ukrainischem Recht zu schließen. Dieser muss ein vollständiges Vertragswerk mit allen wesentlichen Bedingungen und Inhalten des Schuldverhältnisses bilden. Dazu sollte er in der Regel Folgendes enthalten: Parteibezeichnungen, Gegenstand des Vertrags, Laufzeit, Leistung und Gegenleistung (Rechte und Pflichten der Parteien), Inhalt und Fristen der Leistungspflicht, Zahlungsbedingungen, finanzieller Gegenwert des Vertrags, Höhere Gewalt, Haftung (Vertragsstrafen), Streitbeilegung – materielles Recht, Bankverbindung, maßgebliche Sprachfassung (wenn der Vertrag zweisprachig vorliegt). Außerdem sollten die Blätter durchnummeriert oder gebunden sein und auf jeder Seite von Vertretern beider Vertragsparteien gezeichnet und gestempelt. Wenn ein ukrainisches Rechtssubjekt beteiligt ist und zur Vorlage bei Zahlungsverkehr/Zoll wird eine ukrainische Übersetzung benötigt. Die Übersendung der AGB mit Verweis auf die Gültigkeit deutschen Rechts oder ein kaufmännisches Bestätigungsschreiben werden nicht anerkannt. Die Anwendung ausländischen Rechts ist nicht möglich bei Immobilien-, Gesellschafts- und Devisenrecht. (Haffner 2012)

Beim Erwerb von Immobilien oder Anlagen/Geräten sollte man unbedingt vorher die Rechtmäßigkeit des Eigentums des Verkäufers überprüfen.

Minderheitsbeteiligungen an Unternehmen sind problematisch, da Aktionäre in der Ukraine bisher nur über eingeschränkte Rechte verfügen. (Werner 2012)

Seit März 1998 besteht ein Partnerschafts- und Kooperationsabkommen mit der EU. Außerdem wurde der politische Teil des Assoziierungsabkommens mit der EU im März und der wirtschaftliche Teil Ende Juni 2014 unterzeichnet. Die dadurch wegfallenden Zölle für Ausfuhren in die EU haben bereits im 1. Halbjahr 2014 zu deren Zunahme um 10 % geführt. Auch bei IWF, Weltbank-Gruppe und WTO ist die Ukraine Mitglied und profitiert unter anderem von Krediten für Infrastrukturmaßnahmen.

1.8 Investitionschancen bei der Energieeinsparung

Die Energiepreise für Haushalte werden in der Ukraine stark subventioniert, was auf die Preise für Unternehmen wieder aufgeschlagen wird, worunter besonders die kleinen und mittleren leiden. Doch die OECD (Organisation für wirtschaftliche Zusammenarbeit und Entwicklung) und der IWF (Internationale Währungsfonds) fordern seit langem eine stärkere Regulierung der Energiepreise durch den Markt und diese Forderung sollte angesichts des Kredits, der mit dem IWF ausgehandelt wird, an Gewicht gewinnen. Daher ist eine Verringerung des Energieverbrauchs umso wichtiger.

Insbesondere bei den Wohngebäuden, die zu einem großen Teil in der Sowjetzeit zwischen 1950 und 1990 errichtet wurden, fehlt es an Wärmedämmung und Isolierung der Fenster. Aufgrund des knappen Budgets der meisten Privatleute und des mangelnden Bewusstseins für die Notwendigkeit von Energieeinsparung wurden nur minimale Reparaturarbeiten erledigt. Selbst bei den Neubauten liegt die

Isolierung aufgrund mangelhafter Bauausführung unter europäischen Standards. Auch sind sogenannte Zentralheizungen per Fernwärme üblich, die sich in den einzelnen Wohnungen gar nicht regeln lassen, nur über Öffnen und Schließen des Fensters. Dort gibt es also reichlich Verbesserungsbedarf – ebenso wie bei der Modernisierung der Industrieanlagen – und spätestens ab der Aufhebung der Subventionen wird auch Interesse daran vorhanden sein.

Von der deutschen Friedrich-Naumann-Stiftung und der Initiative Wohnungswirtschaft Osteuropa wie auch kommunal- und regionalpolitischen Partnern in der Ukraine wird die Bildung von privaten Wohneigentümergemeinschaften gefördert, da diese stärker als lokale staatliche Wohnungsverwaltungsstrukturen daran interessiert sind, eine energetische Gebäudesanierung vorzunehmen und den Energieverbrauch zu senken, da sie selbst die Energiekosten tragen (werden). (alle vorstehenden Absätze: Kosmehl 2013)

Auch die Internationale Energieagentur (IEA) verweist darauf, dass die Weiterleitung der tatsächlichen Energiekosten, einschließlich Wartung und Modernisierung von Erzeugungswerken und Leitungen, an die Verbraucher, größere Transparenz und stärkerer Wettbewerb erforderlich sind, um Investoren für die Erhöhung der Effizienz ins Land zu holen. Der Kostendruck durch den allmählichen Abbau der Subventionen für Erdgas, Wärme und Strom wird dann zum Umdenken zwingen. Auch eine genauere lokale Messung des Verbrauchs ist notwendig, um messbare Ziele setzen zu können und die Kosten fair aufzuteilen. Es werden also Messgeräte gebraucht werden.

Großer Investitionsbedarf besteht außerdem bei der Infrastruktur für den Transport von Wärme und Strom, bei dem bedeutende Einsparungen möglich wären, sowie bei den Anlagen zur Energie- und Wärmeerzeugung, in der Schwer- und Leichtindustrie. Dort würde eine Privatisierung der Kraftwerke das Interesse an einer Effizienzsteigerung erhöhen.

Auch verfügt die Ukraine über ein hohes Ausbaupotenzial bei der Nutzung von einheimischem Biogas und Biomasse wie auch unkonventionellen Erdgasvorkommen, die laut IEA innerhalb von 15–20 Jahren eine Unabhängigkeit von den russischen Erdgasimporten ermöglichen würden und außerdem durch Steuereinnahmen die nachlassenden Einkünfte aus Transitleitungen ausgleichen könnten.

Bei den erneuerbaren Energien werden bisher vor allem Wasserkraft und Biomasse eingesetzt, doch Wind- und Solarkraft haben in den letzten Jahren deutlich an Beliebtheit gewonnen und haben ihre Möglichkeiten noch nicht ausgeschöpft. Auch Filter zur Senkung der Treibhausgasemissionen werden dringend gebraucht. (International Energy Agency 2012)

Es gibt also reichlich Investitionsbedarf bei energetischer Gebäudesanierung, effizienterer Energieerzeugung, -verbrauchsmessung und -transport und dem Ausbau alternativer Energiequellen, was oft mit verhältnismäßig geringem Kostenaufwand zu bedeutenden Einsparungen bzw. höherer Unabhängigkeit führen würde. Da das Kapital zur direkten Finanzierung dieser Modernisierungsmaßnahmen in der Ukraine oft fehlt, könnten Public-Private Partnerships oder auch alternative Geschäftsmodelle, bei denen zunächst die Modernisierungsmaßnahmen und –beratung vorfinanziert und anschließend aus den Energieeinsparungen allmählich zurückgezahlt werden, eine Lösung darstellen und große Chancen für ausländische Kapitalgeber bieten.

Herausforderungen

2.1 Politische Lage und instabile Währungskurse

Aufgrund der Bedeutung des Donbass für die ukrainischen Exporte wie auch die Rohstoff- und Energieversorgung der ukrainischen Wirtschaft (s. 2.2 „Industriekonzentration im Osten und Abhängigkeit von fossilen Energieträgern") stellen die dort aktuell laufenden Kampfhandlungen und damit einhergehende Flucht von Arbeitskräften und Schließung von Werken eine besondere Beeinträchtigung für die ukrainische Wirtschaft dar. Dementsprechend reagiert auch der Wechselkurs der Hrywnja zum Euro – wie auch auf andere Krisen – vor der Finanzkrise lag er bei etwa 10:1, während dieser stieg er auf bis zu 17:1 und sank dann wieder auf etwa 12:1. Anfang 2015 lag er bei etwa 20:1, inzwischen (Juli 2015) nähert er sich der 30:1.

Für die Fertigung in der Ukraine mit geplantem Export in den Euroraum ist das natürlich günstig, falls Sie jedoch von importierten Rohstoffen abhängig sind, ist ein Hedging dringend zu empfehlen. Aufgrund dieser Fluktuationen ist es in der Ukraine auch üblich, die Preise für aus dem Ausland stammende kleinere und größere Investitionen wie auch Mieten in US-Dollar anzugeben.

2.2 Industriekonzentration im Osten und Abhängigkeit von fossilen Energieimporten

2009 wurden die Kohlereserven der Ukraine auf 50 Mrd. t geschätzt, doch befinden sich 98 % im aktuell umkämpften östlichen Donbass. Außerdem liegen sie sehr tief, um die 1000 m unter der Erde, und die Zechentechnik ist veraltet, da seit 1990 mehr in Erdöl und Erdgas investiert wird, was die Förderungskosten und die Unfallquoten in die Höhe treibt. Bei Erdöl und Erdgas sind die ukrainischen

© Springer Fachmedien Wiesbaden 2016
R. Heßler, H. Brenner, *Potenziale der ukrainischen Wirtschaft,* essentials,
DOI 10.1007/978-3-658-12177-8_2

Reserven jedoch sehr gering, weshalb sie von Importen aus Russland abhängig ist. (EMAU 2009)

Eisenerz ist ebenfalls zwar reichlich vorhanden, aber in geringer Qualität, und der einzige in größeren Mengen verfügbare Stahlveredler ist Mangan. Aufgrund des Orts der Vorkommen ist die Schwerindustrie, die 80 % der Industriearbeiter beschäftigt, im Osten konzentriert, im Donbass. Weitere Zentren sind in Mittel-Dnjepr und in den Vorkarpaten (Lviv). (EMAU 2009)

Neben der Industrie wird die aufgrund der hohen Kosten mithilfe von Subventionen abgebaute Kohle auch zur Energieerzeugung genutzt, 49 % des Stromverbrauchs des Landes wurden 2002 damit gestemmt. Der Rest stammt größtenteils aus Atomenergie (45 %), die auch wieder in Donbass und Mittel-Dnjepr erzeugt wird. (EMAU 2009)

International wettbewerbsfähig ist nur die Waffen- und Rüstungsindustrie – insofern stehen in der ukrainischen Industrie viele Möglichkeiten für westliche Modernisierungsinvestitionen offen, denn es gibt in der Leichtindustrie kaum Konkurrenz. (EMAU 2009)

Eine weitere Chance ist die Isolierung (s. Kap. 1.8 Investitionschancen bei der Isolierung), denn nicht nur durch die veralteten Industrieverfahren und -maschinen, sondern auch durch die schlechte Isolierung der Häuser besteht durch Investitionen großes Energiesparpotenzial – 2009 lag die Energieintensität der Ukraine aufgrund des hohen Primärenergieverbrauchs und der geringen Wertschöpfung bei 188 MJ/1 USD des BIP, dem drittschlechtesten Wert weltweit (zum Vergleich: Deutschland lag bei 9,2 MJ). (EMAU 2009)

Der Donbass – bestehend aus den Regionen Donezk und Luhansk – ist nicht nur das größte Rohstofflager, sondern auch die wichtigste Exportregion der Ukraine – 2013 wurden vom Osten 20 % und von Donezk weitere 24,9 % der ukrainischen Warenexporte durchgeführt (s. Abb. 2.1)! Die Importe dagegen gingen zu über 40 % in die Hauptstadt Kiew. Wichtigstes Exportprodukt waren in Donezk Metalle und Metallprodukte und in Luhansk mineralische Rohstoffe. 2013 gingen 39,4 % der von der Region Donezk exportierten Dienstleistungen nach Russland und 16 % in die Schweiz, bei den Waren waren es 19,7 % nach Russland und 10,7 % nach Italien. (Mykhnenko 2015)

Dadurch beeinträchtigt die aktuelle Unruhe im Donbass mit seinem Anteil von 15,7 % am ukrainischen BIP im Jahre 2012 (s. Abb. 2.2) nicht nur die Energieversorgung, sondern auch das aktuelle ukrainische Wirtschaftsmodell – und bietet gleichzeitig Chancen für eine Umorientierung zur Leichtindustrie und zum Dienstleistungssektor.

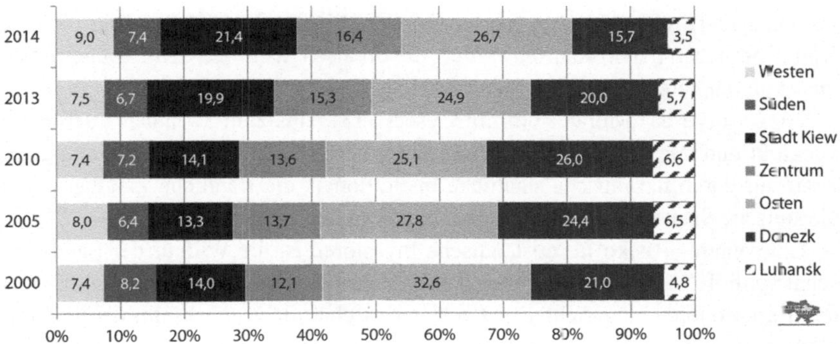

Abb. 2.1 Die Bedeutung der Regionen für die Warenexporte der Ukraine in den Jahren 2000–2014 (%). (Quelle: Ukraine-Analysen Nr. 147, S. 8, http://laender-analysen.de/ukraine/pdf/UkraineAnalysen147.pdf)

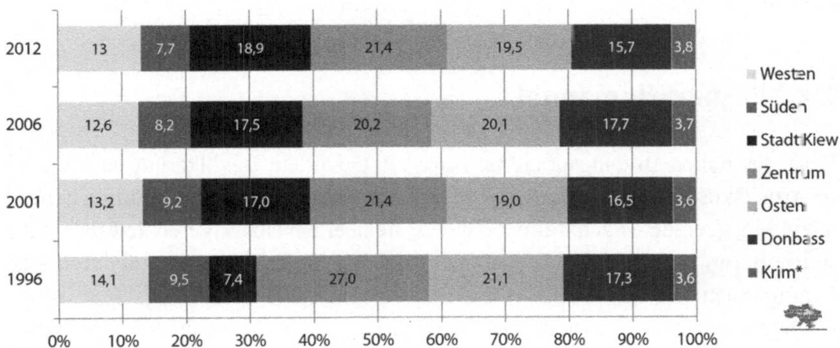

Abb. 2.2 Der Anteil der Regionen am BIP der Ukraine in den Jahren 1996–2012 (%). (Quelle: Ukraine-Analysen Nr. 147, S. 7, http://laender-analysen.de/ukraine/pdf/UkraineAnalysen147.pdf)

2.3 Kleinstbetriebe in der Landwirtschaft und Landmoratorium

Ein großes Hindernis in der Modernisierung der ukrainischen Landwirtschaft ist ein Moratorium, das den Verkauf des zerstückelt im Besitz von Dorfbewohnern befindlichen Lands verbietet. Daher kann es von großen Agrarholdings nur gepachtet, aber nicht als Kredit hinterlegt werden, und es fehlt Kapital für eine Modernisierung der landwirtschaftlichen Geräte zur Erhöhung des Ertrags. Über 50 % des Ackerlandes befindet sich in der Hand großer Kolchosenachfolger (aber eben nur gepachtet), während 40 % der landwirtschaftlichen Nutzflächen von 15 Mio. Kleinstbetrieben bewirtschaftet werden, die oft als „Pacht" von den Großbetrieben maschinell unterstützt werden. (Sauer 2010)

2012 wurde das Moratorium mit Gesetz 11315 bis zum 1. Januar 2016 noch verstärkt und auch falls es aufgehoben wird, ist im Falle einer Privatisierung ein Kauf nur durch ukrainische staatliche Institutionen, die staatliche Landbank und ukrainische Staatsbürger möglich. (Khmarksaya 2013)

Ein weiteres Risiko für ausländische Investoren ist die Willkür der Landwirtschaftspolitik. Während der weltweit schlechten Getreideernten 2006–2008 wurden Exportquoten eingerichtet und später Ausfuhrzölle erhoben, um den inländischen Getreidepreis von den steigenden Weltmarktpreisen abzukoppeln, was den einheimischen Produzenten angesichts einer guten Ernte große Einbußen bescherte. (Sauer 2010)

Eine zusätzliche Unsicherheit besteht darin, dass bereits eingeplante Fördermittel aufgrund eines mageren Staatshaushalts oft nicht ausgezahlt werden.

2.4   Fachkräftemangel

Trotz des hohen Bildungsgrads (s. Kap. 1.1 Gebildete Bevölkerung und niedrige Arbeitskosten) gestaltet es sich in der Ukraine für bestimmte Tätigkeiten oft schwierig, geeignete Fachkräfte zu finden, die über eine marktgerechte Ausbildung und Erfahrung verfügen, da Schule und Studium sehr theorielastig und durch Auswendiglernen bestimmt sind.

Dies macht sich besonders bei Ingenieuren und Maschinenbauern, mehrsprachigen Sekretärinnen mit professionellem Auftreten, Finanzspezialisten und erfahrenen Vertriebsleitern sowie mittlerem und höherem Management bemerkbar. (Gfe 2011; GTAI 2013)

Bei besonders begehrten Qualifikationen kann das Lohnniveau sogar über dem deutschen liegen (Gfe 2011).

Außerdem ist bei offiziellen Lohnstatistiken zu berücksichtigen, dass sehr oft ein Teil des Lohns am Staat vorbei gezahlt wird, um Sozialbeiträge und Steuern zu sparen, das heißt, die tatsächlich gezahlten Beträge liegen höher. Daneben sind Prämien üblich, die vom Unternehmenserfolg abhängen. Zur Reduzierung der Schattenwirtschaft und zur Förderung der Stellenschaffung gewährt der Staat den Unternehmen bei neu geschaffenen Arbeitsplätzen für das erste Jahr eine Senkung der Beiträge um 50 %. (GTAI 2013)

Eine besondere Maßnahme zur Verbesserung des Angebots an Technikern hat die Nationale Technische Universität der Ukraine „KPI" ergriffen. Vor zehn Jahren wurde an der KPI gemeinsam mit der Otto-von-Guericke-Universität Magdeburg eine Ukrainisch-Deutsche Fakultät für Maschinenbau (GUDF) gegründet. Dort werden fähige junge Ingenieure und Wissenschaftler herangebildet und alle Absolventen haben Praktikumserfahrung in Deutschland und verfügen über ausgezeichnete Deutschkenntnisse. Seit Ende 2012 besteht ein Vertrag über die Zusammenarbeit zwischen der GUDF und dem Deutschen Wirtschaftsclub Kiew (DWK). (GTAI 2013)

Zur Veröffentlichung von Stellenanzeigen wird laut GTAI in erster Linie der Stellenmarkt der Wochenzeitung Kyiv Post (http://www.kyivpost.com) verwendet. Sind für die ausgeschriebene Stelle Deutschkenntnisse erforderlich, können dort Inserate auch in deutscher Sprache veröffentlicht werden. Ebenfalls interessant für Jobofferten sind Kyiv Weekly (http://www.kyivweekly.com) und Delovaya stolitsa (http://www.dsnews.com.ua). Eine mehrfache Schaltung ist zur Erzielung einer besseren Wirksamkeit empfehlenswert. (GTAI 2013)

Manchmal ist auch das Anwerben von qualifizierten Managern aus dem benachbarten Russland, in dem das Angebot größer ist, oder aus östlichen EU-Ländern sinnvoll. (GTAI 2013)

2.5   Schwieriger Zahlungsverkehr

Überweisungen in die Ukraine aus dem Ausland sind sehr teuer (ab 26 €) und lohnen sich nur bei hohen Beträgen. (Forum Ukraine 2011)

Selbst die deutsche Botschaft in Kiew empfiehlt die Verwendung eines Bargeldtransfers über Moneygram oder Western Union. Dieser ist ab 5 EUR möglich. Für mehr als drei Überweisungen muss man sich bei der Post identifizieren lassen, was aber auch nicht sehr aufwändig ist.

Mit dem elektronischen Zahlungsdienst PayPal sind Zahlungen aus der Ukraine inzwischen möglich, in die Ukraine aber noch nicht. Da es offenbar schwierig ist, eine Banklizenz für das Land zu erhalten, ist auch noch nicht absehbar, wann dies möglich sein wird. (PayPal Community 2014; 4design 2013)

Falls andere Wege nicht in Frage kommen, lässt sich das Problem durch ein Konto bei 2checkout (https://www.2checkout.com/) umgehen. Dort kann man gegen etwa 6 % Kommission PayPal-Zahlungen empfangen, die ab einem Betrag von 300 USD auf ein Unternehmenskonto ausgezahlt werden. (Wordhord 2010)

Innerhalb der Ukraine selbst ist Bargeld – vor allem aufgrund des hohen Anteils an Schwarzarbeit und inoffizieller Vermietung – bei Weitem das beliebteste Zahlungsmittel. Doch dies gilt zum Teil auch für offizielle Zahlungen: Strom, Wasser und Gas werden monatlich beim Postamt oder bei bestimmten Bankfilialen bezahlt. Daueraufträge sind unüblich.

2.6 Finanzierung und instabiler Banksektor

Das ukrainische Bankensystem besteht einerseits aus der National Bank of Ukraine, der Noten- und Zentralbank, die die anderen Banken beaufsichtigt, Eigenkapital- und andere Vorschriften für diese erlässt und über den Leitzins auch für die Geldpolitik verantwortlich ist, wobei sie wie auch die Europäische Zentralbank Preisstabilität anstrebt, ohne die Konjunktur zu gefährden – (National Bank of Ukraine – Monetary Policy, Bank Supervision 2015) und andererseits den Geschäftsbanken, die seit 1991 nur noch beaufsichtigt werden, aber Preise, Zinssätze und Kreditvergabe frei bestimmen können. (Jafarli 2010/2011)

Aufgrund der hohen Inflationsrate sind die Zinsen für Kredite sehr hoch. Um dies zu vermeiden, bietet das größte ukrainische Finanzinstitut, die Privatbank, neben den üblichen Kreditlinien und Krediten für das Umlaufvermögen ein Darlehen in Euro oder US-Dollar an, für das sich das Warenlager im Ausland befinden muss und versichert wird. Es wird für bis zu einem Jahr gewährt und ist schon ab 8 % + Bearbeitungsgebühr erhältlich. (Privatbank 2015)

Andere Banken, wie die vor kurzem mit der UniCredit Bank fusionierte Ukrsozbank, geben für viele Kredite für große Unternehmen auf ihrer Website gar nicht erst einen allgemeinen Satz an, sondern nur Telefonnummern zur individuellen Vereinbarung. Für manche gibt es auch einen Ratenrechner. Ein Anschaffungskredit für den Mittelstand kostet z. B. 26 % Zinsen. Auch die Ukrgazbank verweist bezüglich der Zinsen auf ihre Filialen. Auffällig sind die auf bestimmte Branchen spezialisierten Kreditangebote, z. B. Kredit gegen Rücklage von Getreide/Kernen oder für staatliche Forstunternehmen bei der Ukrgazbank oder für Landwirtschaftstechnik bei der Ukrsozbank, die vermutlich auf staatlichen Förderungen beruhen. (Ukrsozbank, Ukrgazbank 2015)

Der durchschnittliche Zinssatz für Kredite in Hryvnjas lag im Sommer 2015 bei etwa 21–22 %, in Fremdwährung bei etwa 8 %. (Banky Ukrainy 2015)

Ein Vergleich der verschiedenen Angebote und die Erwägung möglicher Sicherheiten lohnt sich auf jeden Fall. Möglicherweise ist auch eine Finanzierung bei der deutschen Hausbank sinnvoll, dabei sollte aber auf jeden Fall das Währungsrisiko (s. Kap. 2.1 Politische Lage und instabile Währungskurse) für die Rückzahlung berücksichtigt werden, falls mit der Investition ausschließlich in der Ukraine Erträge erzielt werden sollen.

Für die Kontoführung sollte die Bank gründlich ausgewählt werden. Seit 2014 wurden in der Ukraine ganze 37 Banken liquidiert, einschließlich der viertgrößten Bank des Landes, der „Delta Bank", im März 2015. Gründe sind der Bürgerkrieg, der zu Kreditausfällen führt, Rezession, Korruption und strukturelle Probleme. (Finanzmarktwelt 2015)

Daher verabschiedete die National Bank am 15. Mai 2015 neue Mindestkapital-vorschriften sowie Auflagen für „systemrelevante Banken", die jedoch erst 2019 bzw. 2020 in Kraft treten werden. (Finanzmarktwelt 2015 und National Bank of Ukraine 2015)

Es gibt einen Einlagensicherungsfonds, der von der National Bank of Ukraine fortlaufend mit Krediten gestützt wird. Seit 2015 tragen auch die deutschen Steuer-zahler dazu bei, denn die KfW hat mit der Ukraine einen Vertrag über die Gewäh-rung eines Kredits von 200 Mio. € zur Stabilisierung des Einlagensicherungsfonds geschlossen. Doch seine Kapazitäten sind begrenzt, insbesondere angesichts des anhaltenden Bankensterbens, und er ist vor allem auf kleine und mittlere Sparer (Privatpersonen) ausgerichtet, nicht auf Unternehmen. Deshalb muss zwischen den hohen Kosten des Geldverkehrs aus dem Ausland in die Ukraine (s. voriges Kap. 2.5 Schwieriger Zahlungsverkehr) und dem Risiko einer Pleite der Depot-bank abgewogen werden. (KfW 2015)

Ein paar Zahlen, um eine Vorstellung von der geringen Bedeutung des ukrai-nischen Bankensektors im Vergleich zum deutschen (bei einer Bevölkerungszahl von etwa 50 % der deutschen) zu bekommen: Die Gesamtaktiva aller solventen ukrainischen Banken betrugen zum Stand vom 1. Juli 2015 976.512.022.000 UAH (etwa 40 Mrd. EUR). (National Bank of Ukraine 2015)

Bei den deutschen Banken waren es dagegen im Juni 2015 7.848.288.000.000 EUR, also knapp 8 Bio. EUR oder das 200-fache). (Deutsche Bundesbank 2015)

Auch das Volumen des Aktienmarktes ist in der Ukraine deutlich geringer, vermutlich da ein großer Teil der Bevölkerung aufgrund der niedrigen Löhne (s. Kap. 1.1 Gebildete Bevölkerung und niedrige Arbeitskosten) einfach nicht über so viele Ersparnisse verfügt, die über Fonds, Versicherungen und Altersvorsorge in Unternehmensbeteiligungen angelegt werden könnten. Ich konnte zwar keine ge-nau vergleichbaren Zahlen finden, doch man bekommt schon einen Eindruck von den Verhältnissen, wenn man berücksichtigt, dass im Jahr 2014 in Deutschland Ak-tien im Wert von gut 45 Mrd. EUR ge- und verkauft wurden (davon knapp 19 Mrd. inländischer Unternehmen) (Deutsche Bundesbank 2015), während in der Ukraine die ausländischen Direktinvestitionen (also das gesamte Aktienkapital, das jemals investiert und nicht abgezogen wurde) zum Stand vom 1. Juli 2015 nur etwa 42 Mrd. USD betrug, davon 33 Mrd. aus der EU, davon wiederum etwa 12 Mrd. aus Zypern und je 5 aus Deutschland und den Niederlanden. Umgekehrt betrugen die ukrainischen Direktinvestitionen ins Ausland zum gleichen Zeitpunkt 6 Mrd. USD, davon 5,8 Mrd. nach Zypern. (Ukrstat 2015)

In Deutschland betrug die Marktkapitalisierung (also das Volumen der in-vestierten Aktien – aber hier natürlich inklusive einheimischer Investoren) 2014 knapp 1,4 Bio. EUR, also etwa das 30-fache der ausländischen Direktinvestitionen in der Ukraine. (Deutsche Bundesbank 2015)

Das Volumen der Aktienverkäufe pro Jahr lag bei der Börse Ukrainska Fondova Birzha 2013 bei 2,4 Mrd. UAH (etwa 100. Mio. EUR), ist dann aber 2014 auf 76 Mio. UAH (etwa 3 Mio. EUR) eingebrochen. 2014 wurden dort 282 Aktien auf dem Zweitmarkt und keine auf dem Erstmarkt gehandelt. (Ukrainska Fondova Birzha 2014)

An der Ukrainska Birzha wurden vom 1.10.2014 bis zum 30.09.2015 Aktien im Wert von 4,3 Mrd. UAH gehandelt (etwa 170 Mio. EUR). (Ukrainska Birzha 2015)

An deutschen Börsen wurden dagegen im August 2015 schon allein 7136 ausländische Aktien gehandelt, mit einem Verkaufsvolumen von 8,8 Mrd. EURin Deutschland und davon 1,4 Mrd. an der Frankfurter Börse allein im August 2015, was bereits mehr als das 140-fache des Aktienverkaufsvolumens an der Ukrainska Fondova Birzha im gesamten Jahr 2013 ausmacht, dabei sind die inländischen Aktien und die restlichen Monate noch gar nicht berücksichtigt. (Deutsche Börse 2015)

Man sieht also, dass die Finanzierung über Aktien in der Ukraine deutlich weniger üblich ist, weshalb vermutlich Bankkredite trotz der hohen Zinsen vorzuziehen sind – oder eine Notierung an einer ausländischen Börse zu erwägen ist.

2.7 Bürokratische Anforderungen und Korruption

Die schwierige Unternehmensgründung und allgemein hohe bürokratische Anforderungen sowie die Korruption sorgen dafür, dass die Ukraine im Index für das Investitionsklima, dem Doing Business Report (DBR) der International Financial Corporation 2015, auf Platz 96 (von 189) steht (zum Vergleich: Deutschland besetzt den 14. Platz). Allerdings gibt es eine deutliche Verbesserung vom 152. Platz 2012, insbesondere bei Grundbucheintragung und Steuerzahlung, da letztere durch ein elektronisches Formular vereinfacht wurde. Die Unternehmensgründung bzw. Betriebsaufnahme ist dagegen etwas schwieriger geworden und liegt jetzt auf Platz 76, ist jedoch einfacher als in Deutschland (Platz 114)! (Doing Business 2015)

Wie schon aus der beeindruckenden Verbesserung beim Ranking hervorgeht, stellt die Verbesserung des Investitionsklimas einen Schwerpunkt für die Politiker dar. Dementsprechend wird intensiv an Reformen gearbeitet, bei denen es jedoch häufig an einer zügigen Entscheidung und Umsetzung hapert.

Beispiele für Verbesserungen sind:

- Reform der Lizenzvergabe (Es wurde eine erschöpfende Liste erstellt und um ein Drittel gekürzt sowie die Selbstzertifizierung ausgebaut – dennoch erwarb im Jahr 2011 immer noch fast jedes dritte Unternehmen eine Lizenz, was einen hohen Zeitaufwand birgt. Auch Inspektionen sind für Unternehmen sehr mühselig)

- Abschaffung der Registrierungspflicht für Exportverträge in der Landwirtschaft
- Insolvenz und freiwillige Geschäftsaufgabe wurden vereinfacht
- Verringerung der Dauer des Anschlusses eines neuen Gebäudes an das Stromnetz (von 285 auf 112 Tage)

Aus dem Global Competitive Index (GCI) geht außerdem hervor, dass sich die ukrainischen Unternehmen aufgrund von Korruption, mangelnder Transparenz und Günstlingswirtschaft nicht auf die Institutionen verlassen können. (alle vorstehenden Absätze: Osavolyuk 2013)

Beim Korruptionsindex von Transparency International steht sie 2015 auf Platz 142 von 175. (Transparency International 2015)

Besonders häufig nehmen Unternehmen dieses Problem im Zusammenhang mit Zulassungs- und Inspektionsverfahren wahr. (Osavolyuk 2013)

Es gibt jedoch insgesamt eine deutliche Verbesserung der wahrgenommenen Korruption zwischen 2010 und 2014 von insgesamt 57,0 % auf 31,7 %, die angekündigten Gegenmaßnahmen der Regierung machen sich also bezahlt. (Kuziakiv 2013)

Besonderheiten 3

3.1 Rechtsformen

Es wird meistens eine Repräsentanz gegründet, da die Finanzierung durch die Muttergesellschaft als weniger kompliziert als bei einer Tochtergesellschaft (einer juristischen Person) gilt. Allerdings ist die Gründung einer Repräsentanz mindestens genauso kosten- und zeitaufwändig wie die Gründung einer juristischen Person, bietet keine steuerlichen oder zollrechtlichen Vorteile und ist gesetzlich weniger genau geregelt. Da es sich nicht um eine gesonderte Rechtsperson handelt, fehlt auch die Risikoabgrenzung gegenüber der Muttergesellschaft. Daher empfiehlt sich die Gründung einer Tochtergesellschaft. Bei einer GmbH oder AG muss darauf geachtet werden, dass sie nicht nur aus einer Ein-Personen-Gesellschaft besteht und dass erst eine Mehrheit von 60 % bei der Gesellschaftsversammlung beschlussfähig ist.

Zum Schutz der Investitionen ist es empfehlenswert, eine Besitz- und eine Betriebsgesellschaft zu gründen, die voneinander getrennt sind, und nur die Betriebsgesellschaft auf dem Markt agieren zu lassen.

Bei einem Joint Venture in GmbH-Form gilt für Streitigkeiten zwischen den Gesellschaftern ukrainisches Recht und es sind ausschließlich ukrainische Gerichte zuständig. Da die Rechtsstaatlichkeit der ukrainischen Rechtsprechung nicht immer gewährleistet ist, empfiehlt sich, das Joint Venture im Ausland und eine 100-prozentige Tochtergesellschaft in der Ukraine zu gründen. (Rehbock und Pavlynska 2012)

© Springer Fachmedien Wiesbaden 2016
R. Heßler, H. Brenner, *Potenziale der ukrainischen Wirtschaft*, essentials,
DOI 10.1007/978-3-658-12177-8_3

3.2 Steuern

Die Sätze für die Körperschaftssteuer (seit 2014 nur noch 16 %) wie auch für die Einkommenssteuer (15–17 %) liegen in der Ukraine niedrig, allerdings gibt es hohe Dokumentationsanforderungen, wie z. B. das Annahme-Abnahme-Protokoll, die zu einem hohen Zeit- und Personalaufwand für die steuerliche Rechnungslegung und zu einer hohen Fehlerwahrscheinlichkeit führen. Fehler wiederum ziehen Prüfungen und die Verweigerung des Abzugs der Aufwendungen nach sich. (Markus 2012)

Traditionell gilt der Hauptbuchhalter als stellvertretender Geschäftsführer und haftet somit auch für das Unternehmen. Da das Steuerrecht recht undurchsichtig ist, empfiehlt sich für die ukrainische Rechnungslegung ein erfahrener Buchhalter, der das Steuerrecht und die Jurisprudenz kennt, man muss ihm jedoch erklären, dass er nicht nur auf Vorschriften des Finanzamtes reagieren, sondern im Rahmen der Gesetze zugunsten des Unternehmens handeln sollte. Für die unternehmensinterne Buchführung sind eher junge Uni-Absolventen sinnvoll, die über englische oder deutsche Sprachkenntnisse verfügen. (Vergunenko 2012)

Körperschaftssteuer wird erhoben, wenn die Gesellschaft nach ukrainischem Recht gegründet wurde. Dabei wird das Einkommen periodengerecht erfasst und es müssen vierteljährliche Steuererklärungen abgegeben werden. Generell abzugsfähig sind Steuern auf verkaufte Waren oder erbrachte Dienstleistungen, produktionsbezogene Gemeinkosten, Verwaltungskosten, Marketing- und Werbekosten, ausländische Währungsverluste, die entsprechend bilanziert wurden, Finanzierungsaufwendungen. Generell nicht abzugsfähig sind dagegen Vorschüsse, Dividenden, Vertragsstrafen und Steuern auf erworbene Güter und Dienstleistungen. Auf ausgeschüttete Dividenden fällt eine Körperschaftssteuervorauszahlung an. (Cherinko 2012)

Für die Umsatzsteuer ist eine Registrierung erforderlich, die je nach Umsatz zwingend oder nicht zwingend sein kann. Ab zwölf Monaten nach der Registrierung besteht die Wahl zwischen Vorsteuerrückzahlung und -verrechnung. Für eine automatische Rückzahlung gibt es viele Vorschriften, sie ist eher für große Unternehmen erreichbar. Bei der Beantragung einer gewöhnlichen Rückzahlung kommt es oft zu einer Prüfung vor Ort. Es kommen auch Annullierungen der Umsatzsteueranmeldungen vor, die zwar eigentlich nur bei nicht ordnungsgemäßer Geschäftsführung vorkommen sollten, aber auch ordentliche Unternehmen treffen können. In solch einem Fall sollte man schnell reagieren. Doch es gibt auch einen Schutz für die Unternehmer: Steuerbeamte haften strafrechtlich für den Missbrauch von Befugnissen. (Shevchenko 2012)

Es ist wichtig, zu berücksichtigen, dass man auch für nicht gezahlte Umsatzsteuer seiner Lieferanten haften kann. Daher empfiehlt es sich, vor Abschluss eines Liefervertrages die Vorlage der letzten Umsatzsteuererklärung zu verlangen.

Der Einkommenssteuersatz liegt bei 15–17 %. Die Lohnsteuer ist vom Unternehmen abzuführen. Es gibt einen „Einheitlichen Sozialbeitrag", der größtenteils vom Arbeitgeber zu zahlen ist. Dieser umfasst Renten-, Arbeitslosen-, Lohnfortzahlungs- und Unfallversicherung. Eine Krankenversicherung ist dagegen für Arbeitnehmer nicht verpflichtend, da das staatliche Gesundheitswesen offiziell kostenlos ist. Allerdings ist es aufgrund der schlechten Haushaltslage oft veraltet, wegen der geringen Vergütung verlangen Ärzte meist eine „informelle Bezahlung" und Arzneimittel sind de facto selbst zu zahlen. Daher ist eine private Krankenversicherung, die vom Arbeitgeber übernommen wird, bei den Arbeitnehmern gern gesehen. Sie ist jedoch nicht abzugsfähig und zusätzlich als geldwerter Vorteil zu versteuern. Sie ermöglicht den Versicherten eine Behandlung in Privatkliniken mit quasi westlichen Standards. (Otten 2012)

Es gibt für kleine Unternehmen ein vereinfachtes Besteuerungssystem. Dabei zahlen diese physischen oder juristischen Personen eine Einheitssteuer anstatt aller Gebühren und Steuern. Bestimmte Branchen sind von diesem System allerdings ausgeschlossen (u. a. Glücksspiel, Fremdwährungswechsel, Handel mit Edelmetallen, Bodenschätzen, Kunstgegenständen). Es wird entweder eine pauschale Einheitssteuer (2–20 % des gesetzlich festgelegten Mindestlohns) oder eine prozentuale Einheitssteuer (3 oder 5 % des Einkommens, je nachdem, ob Mehrwertsteuer erhoben wird oder nicht) abgeführt. Welche der beiden Berechnungsmethoden angewandt wird, hängt von der Branche und vor allem vom Umsatz ab.

Für landwirtschaftliche Betriebe gibt es eine Steuerpauschalierung, wenn mindestens 75 % der Produktion landwirtschaftliche Güter sind. Die Mehrwertsteuer aus dem Verkauf landwirtschaftlicher Produkte braucht nicht an das Finanzamt gezahlt zu werden, dafür gibt es in der Praxis meist keine Vorsteuererstattung.

Auch für die Softwareindustrie gibt es, erstmal bis 2022 befristet, eine Steuerpauschalierung, um die heimische IT-Branche zu fördern. Dabei müssen mehr als 70 % der Erträge aus dem Softwarebereich stammen und über 10 Mitarbeiter beschäftigt werden. Des Weiteren muss der Anschaffungswert des Anlagevermögens mehr als 50 % des Mindestgehalts ausmachen. Für solche Unternehmen fällt nur 5 % Körperschaftssteuer an und auf ihre Produkte muss keine Mehrwertsteuer erhoben werden. (Anna Fornenko)

3.3 Beschäftigung ausländischer Arbeitnehmer und Kündigung

Für die Beschäftigung ausländischer Arbeitnehmer ist vom Arbeitgeber beim zuständigen Arbeitsamt am Sitz der Gesellschaft eine Arbeitserlaubnis zu beantragen. Name und geplante Position des Arbeitnehmers müssen auf dem Antrag genannt werden. Es müssen 12 verschiedene Unterlagen eingereicht werden. Eine Entscheidung erfolgt innerhalb von 30 Tagen. Die Arbeitserlaubnis gilt für ein Jahr mit Möglichkeit der Verlängerung, die 1 Monat im Voraus beantragt werden muss.

Ausländer, die über eine dauerhafte Aufenthaltsgenehmigung in der Ukraine verfügen, sind ukrainischen Staatsbürgern rechtlich gleichgestellt und benötigen keine Arbeitserlaubnis.

Für Entsandte eines ausländischen Unternehmens müssen zusätzliche Unterlagen einreicht werden und sie können eine Arbeitserlaubnis von bis zu 3 Jahren erhalten.

Mitarbeiter und Leiter einer ukrainischen Repräsentanz eines ausländischen Unternehmens benötigen keine Arbeitserlaubnis, sondern die Repräsentanz muss beim Ministerium für Wirtschaft und europäische Integration eine Dienstkarte beantragen, die innerhalb von 15 Werktagen gewährt oder abgelehnt wird.

Der Arbeitnehmer muss dann tatsächlich die Arbeit bei dem antragstellenden Unternehmen aufnehmen und die geplante Position besetzen, sonst wird die Arbeitserlaubnis annulliert und der Arbeitnehmer auf Kosten des Unternehmens zwangsabgeschoben.

Das ukrainische Arbeitnehmergesetz stammt zu großen Teilen noch aus Sowjetzeiten und ist sehr arbeitnehmerfreundlich. Daher sind die möglichen Kündigungsgründe sehr beschränkt und müssen nachgewiesen werden, außerdem ist meist die Zustimmung der Gewerkschaft erforderlich:

Änderung von Unternehmensstruktur oder -zweck, die zu Personalabbau führt und die Position überflüssig macht; erst nach der Einstellung festgestellte mangelnde Qualifikation oder Belastbarkeit des Arbeitnehmers; Nichterfüllung der Arbeitspflichten ohne wichtigen Grund trotz laufenden Disziplinarverfahrens; Fernbleiben von der Arbeit über 3 Std. am Tag ohne wichtigen Grund; Arbeitsunfähigkeit über 4 Monate außer den gesetzlichen vorgesehenen Fällen (z. B. bei Tuberkulose 10 Monate und bei Berufskrankheit/Unfall am Arbeitsplatz Kündigungsschutz); Erscheinen am Arbeitsplatz im Alkohol- oder Drogenrausch; Diebstahl am Arbeitsplatz. (alle vorstehenden Absätze: Dykunskyy).

3.4 Öffnungszeiten und Dezentralisierung des Handels

Für einen deutschen Besucher ist eines der ersten Dinge, die beim Einkaufen in der Ukraine auffallen, dass Geschäfte sonntags ganz selbstverständlich geöffnet haben, viele Supermärkte sogar rund um die Uhr. Dies ist nur dank der niedrigen Stundenlöhne und des Fehlens einer Ladenschlusszeitengesetzgebung möglich und aufgrund der oft langen Arbeitszeiten der potenziellen Kunden, die erst am Abend zum Einkaufen kommen, wohl auch nötig. Es sollte auch bei der Eröffnung eines eigenen Outlets berücksichtigt werden, denn die ukrainischen Verbraucher sind es gewohnt, an jeder Ecke einen kleinen Lebensmittelladen zu haben, der mindestens bis 22 Uhr offen hat.

Supermärkte und Drogerien stellen jedoch im Gegensatz zu Deutschland nicht die wichtigsten Einkaufsstätten dar, sondern das Meiste wird auf dezentralen kleinen Märkten eingekauft, auf denen neben – oft selbst angebautem – Obst und Gemüse und anderen Lebensmitteln auch kleine Stände mit Haushaltswaren, Drogerieartikeln, technischen Geräten, Kleidung u. a. zu finden sind. Dort ist vieles günstiger als in den großen Läden und der Weg ist kürzer, eine persönliche Beratung ist auch enthalten – allerdings gibt es meist auch keine Garantie für die Qualität, die man selbst prüfen muss. Beim Verkauf von Verbraucherwaren in der Ukraine sollte man eine Präsenz zumindest auf den wichtigsten solcher Märkte in Erwägung ziehen, da man mit der Aufnahme seines Produkts in das Sortiment von 1–2 (Elektro-) Supermärkten nicht zwangsläufig beim Verbraucher ankommt.

Um die Informationen und Anregungen aus diesem *essential* zusammenzufassen, gebe ich noch einmal eine Übersicht über die Stärken (Englisch: Strengths), Schwächen (Weaknesses), Chancen (Opportunities) und Risiken (Threats) einer deutschen Investition in der Ukraine oder für den Export aus Deutschland in die Ukraine (SWOT-Analyse).

Stärken:

- Gute Kenntnisse in und weltweit hervorragender Ruf bei Maschinenbau, Energieeinsparung, alternativen Energien
- Angespartes Kapital
- Zugang zu staatlichen Förderungen und Investitionsschutz für bestimmte Projekte
- keine zu große Entfernung zur Ukraine (von Berlin nach Lviv sind es nur etwa 798 km Luftlinie oder 930 km Straße – Quelle: Entfernung.org)
- Erfahrung oder Zugang zu Erfahrung mit Tätigkeit im Ausland
- Erfahrung mit Wiederaufbau und Liberalisierung der Wirtschaft nach einem kommunistischen System in Ostdeutschland

Schwächen:

- Bei Produktion in Deutschland für Export in die Ukraine: hohe Preise
- Langfristiger denkende Mentalität als in der Ukraine, daher große Offenheit erforderlich, um Missverständnisse zu vermeiden

© Springer Fachmedien Wiesbaden 2016
R. Heßler, H. Brenner, *Potenziale der ukrainischen Wirtschaft*, essentials,
DOI 10.1007/978-3-658-12177-8_4

Chancen:

- günstige Arbeitskräfte mit hohem Bildungsniveau
- Orientierung der Bevölkerung nach Europa
- großer Binnenmarkt
- hoher Modernisierungsbedarf
- künftiger Zwang zum Umdenken durch steigende Energiepreise, schwierige Beziehung mit Erdgaslieferanten Russland

Risiken:

- instabile politische/territoriale Lage
- Währungsrisiko
- schwieriger Zahlungsverkehr
- Korruption, Intransparenz von institutionellen Entscheidungen, langsame Umsetzung von beschlossenen Reformen
- ausufernde Bürokratie
- Fehlen berufspraktischer Kenntnisse
- gering ausgeprägtes Börsenwesen

Was Sie aus diesem *essential* mitnehmen können:

- Die Ukraine ist ein attraktives Land für die Auslagerung der Produktion.
- Modernisierung in Landwirtschaft und Leichtindustrie sowie Isolierung bieten große Investitionschancen.
- Es gibt verschiedene Möglichkeiten des Investitionsschutzes.
- Für eine Vertretung in der Ukraine und ihre Mitarbeiter sind verschiedene Punkte zu beachten.
- Das ukrainische Arbeitnehmerrecht ist arbeitnehmerfreundlich.
- Der ukrainische Aktienmarkt ist noch gering entwickelt.

© Springer Fachmedien Wiesbaden 2016
R. Heßler, H. Brenner, *Potenziale der ukrainischen Wirtschaft*, essentials,
DOI 10.1007/978-3-658-12177-8

Literatur

Deutsche Börse. 2015, Aug. Order Book Turnover Foreign Shares. http://www.boerse-frankfurt.de/de/statistiken/kassamarkt/detail?ansicht_id=4-7. Zugegriffen: 30. Sept 2015.

Deutsche Bundesbank. 2015, Aug. Bankstatistik August 2015, 21.08.2015– Statistisches Beiheft. http://www.bundesbank.de/Redaktion/DE/Downloads/Veroeffentlichungen/Statistische_Beihefte_1/2015/2015_08_bankenstatistik.pdf?__blob=publicationFile. Zugegriffen: 30. Sept. 2015.

Deutsche Bundesbank. 2015, Sept. Kapitalmarktstatistik September 2015– Statistisches Beiheft 2 zum Monatsbericht. http://www.bundesbank.de/Redaktion/DE/Downloads/Veroeffentlichungen/Statistische_Beihefte_2/2015/2015_09_kapitalmarktstatistik.pdf?__blob=publicationFile. Zugegriffen: 30. Sept. 2015.

Dykunskyy I. *bnt & Partner*: Beschäftigung ausländischer Arbeitskräfte in der Ukraine, http://www.brainguide.de/upload/publication/f9/xxc8/f9eb9c04ec61be6bd259c2c17038f3e0_1311535550.pdf. Zugegriffen: 22. Juli 2015

Ernst-Moritz-Arndt-Universität Greifswald – EMAU Referat für Wirtschaftskunde und Geographie. 2009. Die Wirtschaft und Industrie in der Ukraine.

Germany Trade & Invest. 2013, Juni. Lohn und Lohnnebenkosten Ukraine. https://www.gtai.de/GTAI/Navigation/DE/Trade/Maerkte/Geschaeftspraxis/lohn-und-lohnnebenkosten,t=lohn-und-lohnnebenkosten–ukraine,did=825604.html. Zugegriffen: 16. Aug. 2015.

Germany Trade & Invest (GTAI). 2014, Dez. Wirtschaftsdaten kompakt – Ukraine. Zugegriffen: 02. Okt. 2015.

Gesellschaft für Entwicklung. 2011. Löhne und Gehälter. http://ukraine-fuer-unternehmer.org/uai/lug/page21.html. Zugegriffen: 16. Aug. 2015.

International Energy Agency. 2012. Ukraine 2012. http://www.iea.org/publications/freepublications/publication/Ukraine2012_free.pdf. Zugegriffen: 01. Okt. 2015.

Jafarli, H. 2010/2011, Winter. Bankensystem in der Ukraine – Wissenschaftliche Seminararbeit im Rahmen des Proseminars „East-European Financial Analysis". http://www.grin.com/de/e-book/182635/bankensystem-in-der-ukraine. Zugegriffen: 30. Sept. 2015.

Khmarksaya, G. 2013, Mai. *Mondaq*: Update on Foreign Investment in Ukrainian Agricultural Land.

Kosmehl, M. 2013, Feb. *Forschungsstelle Osteuropa an der Universität Bremen/Deutsche Gesellschaft für Osteuropakunde e. V.*: Ukraine-Analysen Nr. 112: Steigerung der Energieeffizienz infolge energetischer Gebäudesanierung am Beispiel der Ukraine – Wert-

© Springer Fachmedien Wiesbaden 2016

R. Heßler, H. Brenner, *Potenziale der ukrainischen Wirtschaft*, essentials,

DOI 10.1007/978-3-658-12177-8

volle Ergänzung kommunalpolitischer Zusammenarbeit. http://www.laender-analysen. de/ukraine/pdf/UkraineAnalysen112.pdf. Zugegriffen: 30. Sept. 2015.

Kuziakiv, O. 2014, Sept. *Forschungsstelle Osteuropa an der Universität Bremen/Deutsche Gesellschaft für Osteuropakunde e. V.* : Ukraine-Analysen Nr. 136: Das Wirtschaftsklima in der Ukraine – Einschätzungen und Erwartungen der ukrainischen Wirtschaft in Kriegs- und Krisenzeiten (einschließlich nachfolgender Tabelle). http://www.laender-analysen.de/ukraine/pdf/UkraineAnalysen136.pdf. Zugegriffen: 30. Sept. 2015.

Markus, A., S. Henninger, Dr. M. Vergunenko, A. Cherinko, A. Shevchenko, T. Otten, A. Fomenko, K. Romansky, A. Pötzsch, und N. Sharova. 2012, Juli. *Delegation der deutschen Wirtschaft in der Ukraine*: Steuerliche Rahmenbedingungen in der Ukraine.

Mykhnenko, V. 2015, März. *Forschungsstelle Osteuropa an der Universität Bremen/Deutsche Gesellschaft für Osteuropakunde e. V.* : Ukraine-Analysen Nr. 147: Die ökonomische Bedeutung des Donbass.

National Bank of Ukraine. 2015, Juli. 01072015e http://www.bank.gov.ua/control/en/publish/category?cat_id=73845. Zugegriffen: 30. Sept. 2015.

Osavolyuk, S. 2013, Juni. *Forschungsstelle Osteuropa an der Universität Bremen/Deutsche Gesellschaft für Osteuropakunde e. V.* : Ukraine-Analysen Nr. 119: Investitionsklima in der Ukraine. http://www.laender-analysen.de/ukraine/pdf/UkraineAnalysen119.pdf. Zugegriffen: 30. Sept. 2015.

Proplanta (dlg). 2011, Jan. Landwirtschaft in Russland und der Ukraine: Die Kornkammer Osteuropa bietet riesige Potenziale. http://www.proplanta.de/Agrar-Nachrichten/Pflanze/Landwirtschaft-in-Russland-und-der-Ukraine-Die-Kornkammer-Osteuropa-bietet-riesige-Potenziale_article1295228216.html. Zugegriffen: Frühjahr 2015

Sauer, G. 2010, März. *Ostausschuss der Deutschen Wirtschaft*: Perspektiven für die ukrainische Agrarwirtschaft.

SEO Köln. 2013, Dez. PayPal will jetzt auch in die Ukraine. http://www.design4u.org/russland-gus/online-handel-und-e-commerce/paypal-will-jetzt-auch-in-die-ukraine/. Zugegriffen: 16. Aug. 2015.

Sovsun, I., und E. Klein. 2014, Jan. *Forschungsstelle Osteuropa an der Universität Bremen/ Deutsche Gesellschaft für Osteuropakunde e. V.* : Ukraine-Analysen Nr. 126: Bildungssystem.

Steffens J., Dr. M. Rafsendjani, K. Kessler, D. Hagemann, B. Barrier, F. Haffner, T. Werner, O. Stakhurska, A. Pavlynska, und W. Rehbock. 2012, Feb. *Delegation der deutschen Wirtschaft in der Ukraine*: Rechtliche Rahmenbedingungen und Investitionsschutz in der Ukraine.

Stsevych, K., Ukraine – Wirtschaft im Überblick. http://liportal.giz.de/ukraine/wirtschaftentwicklung/. Zugegriffen: 21. Juli 2015.

Weltbank. 2009, Juli. Education At a Glance – Ukraine.

http://www.traveleast.eu/countries/ua/#3.4. Zugegriffen: 21. Juli 2015.

http://knoema.de/atlas/topics/Weltrankings/Knowledge-Economy-Index/Bildungsindex Zugegriffen: 21. Juli 2015.

http://forum.ukraine-nachrichten.de/bankempfehlung-geld%C3%BCberweisungen-deutschland-t3866.html. Zugegriffen: 16. Aug. 2015.

https://www.paypal-community.com/t5/Selling-on-eBay/Paying-a-Seller-Based-in-The-Ukraine/td-p/805324?profile.language=en-gb. Zugegriffen: 16. Aug. 2015.

http://www.wordhord.com/2010/05/kak-prinimat-platezhi-paypal-v-ukraine-rosii-i-gde-ugodno/. Zugegriffen: 16. Aug. 2015.

https://privatbank.ua/business/srednemu-i-krupnomu-biznesu/postavki-cherez-evro-sklad/. Zugegriffen: 16. Aug. 2015.

https://unicredit.ua/ccloans. Zugegriffen: 20. Sept. 2015.

https://www.ukrgazbank.com/ukr/corporate/credits. Zugegriffen: 20. Sept. 2015.

http://finanzmarktwelt.de/kaputtes-bankensystem-in-der-ukraine-ein-aktueller-ueberblick-13454/. Zugegriffen: 29. Sept. 2015.

http://www.bank.gov.ua/control/en/publish/article?art_id=17537282 http://www.bank.gov.ua/control/en/publish/article?art_id=17537282&cat_id=37738 http://www.bank.gov.ua/control/en/publish/article?art_id=17537282&cat_id=37738. Zugegriffen: 29. Sept. 2015.

https://www.kfw.de/KfW-Konzern/Newsroom/Aktuelles/Pressemitteilungen/Pressemitteilungen-Details_298368.html. Zugegriffen: 29. Sept. 2015.

http://www.bank.gov.ua/control/en/publish/article?art_id=37384 http://www.bank.gov.ua/control/en/publish/article?art_id=37384&cat_id=37375 http://www.bank.gov.ua/control/en/publish/article?art_id=37384&cat_id=37375 "cat_id=37375. (National Bank of Ukraine). Zugegriffen: 30. Sept. 2015.

http://bank-ua.com/trends/cash/. (Banky Ukrainy). Zugegriffen: 30. Sept. 2015.

http://www.doingbusiness.org/data/exploreeconomies/ukraine/ und http://www.doingbusiness.org/rankings (Doing Business). Zugegriffen: 30. Sept. 2015.

https://www.transparency.org/country/#UKR (Transparency International). Zugegriffen: 30. Sept. 2015.

http://www.ux.ua/ua/marketdata/marketresults.aspx (Ukrainska Birzha). Zugegriffen: 30. Sept. 2015.

http://www.ukrstat.gov.ua/Інвестиції зовнішньоекономічної діяльності – Прями іноземні інвестиції. Zugegriffen: 30. Sept. 2015.

http://www.ukrstat.gov.ua/ http://www.ukrstat.gov.ua/ http://www.ukrstat.gov.ua/ http://www.ukrstat.gov.ua/ http://www.ukrstat.gov.ua/ http://www.ukrstat.gov.ua/ http://www.ukrstat.gov.ua/ http://www.ukrstat.gov.ua/ http://www.ukrstat.gov.ua/"/ Заборгованість із виплати заробітної плати у 2015 році. Zugegriffen: 02. Okt. 2015.

http://ukrse.com.ua/analitika http://ukrse.com.ua/analitika http://ukrse.com.ua/analitika http://ukrse.com.ua/analitika http://ukrse.com.ua/analitika http://ukrse.com.ua/analitika http://ukrse.com.ua/analitika http://ukrse.com.ua/analitika "analitika (Ukrainska Fondova Birzha): Аналітичний огляд діяльності Української фондової біржі за 2014 рік. Zugegriffen: 30. Sept. 2015.

http://www.entfernung.org/Lemberg. Zugegriffen: 02. Okt. 2015.

Lesen Sie hier weiter

Hatto Brenner · Cecilia Misu (Hrsg.)

**Internationales
Business Development**
Export-Märkte, Risikoanalyse,
Strategien

2015, VIII, 355 S.,
Softcover € 39,99
ISBN 978-3-658-05658-2

Änderungen vorbehalten.
Erhältlich im Buchhandel oder beim Verlag.

Einfach portofrei bestellen:
leserservice@springer.com
tel +49 (0)6221 345-4301
springer.com

Springer Gabler